INAUGURATION

Du Monument élevé à Orchies, le 28 avril 1867,

A LA MÉMOIRE

DE

M. GUILBERT-ESTEVEZ

DISCOURS

PRONONCÉ

Par M. DANEL

Président honoraire à la Cour impériale de Douai et Président du Conseil général du département du Nord.

DOUAI

L. CRÉPIN, LIBRAIRE-ÉDITEUR

32, RUE DES PROCUREURS.

1867

INAUGURATION

Du Monument élevé à Orchies, le 28 avril 1867,

A LA MÉMOIRE

DE

M. GUILBERT-ESTEVEZ

DISCOURS

PRONONCÉ

Par M. DANEL

Président honoraire à la Cour impériale de Douai et Président du Conseil général du département du Nord.

DOUAI

L. CRÉPIN, LIBRAIRE-ÉDITEUR

32, RUE DES PROCUREURS.

1867

Discours tiré à 50 exemplaires, dont 25 sur papier vergé.

Les 25 sur vergé sont numérotés.

EXEMPLAIRE N°

DISCOURS.

« J'ai été pendant cinquante ans l'ami de l'homme dont vous honorez en ce jour la mémoire; qu'il me soit permis en cette qualité de rappeler quelques-uns de ses titres à l'hommage que vous lui rendez.

» Fils d'un juge de paix de La Bassée, Guilbert se livre de bonne heure à l'étude des lois. Après avoir obtenu en 1817, à la faculté de droit de Paris, le diplôme de licencié, il ne tarda pas à devenir le collaborateur et le gendre d'un honorable notaire de cette ville. Dès cette époque, il fut citoyen d'Orchies, et nul n'affectionna plus que lui sa ville d'adoption.

» Ami des immortels principes de 1789, héritage glorieux de nos pères, il se plaça dans les rangs de l'opposition, lorsqu'il vit que le gouvernement de la restauration s'efforçait d'éluder les promesses de la Charte, et menaçait l'existence des libertés publiques

» Aussi embrasse-t-il avec ardeur la cause de la révolution de 1830.

» Commandant de la garde nationale, juge-de-paix d'Orchies, il servit avec zèle et succès le gouvernement dont il avait salué l'avènement et en fut récompensé en 1833 par l'obtention de la croix de la Légion d'honneur.

» Vous savez mieux que moi, Messieurs, de quelle manière il a rempli les fonctions de cette magistrature si utile et dont l'influence, quand elle est bien exercée, est si considérable. Tant que Guilbert fut juge-de-paix d'Orchies, les procès venant de ce canton ne furent guère connus au tribunal civil de Douai.

» En 1844, des raisons de famille l'obligeaient à séjourner souvent à Lille; il ne quitta pas néanmoins Orchies, mais il accepta les fonctions de conseiller de préfecture du Nord.

» Quelques services rendus au gouvernement belge lui firent conférer peu de temps après la croix de Chevalier de l'ordre de Léopold.

» Jusqu'en 1847, l'arrondissement de Douai extràmuros avait constamment porté à la Chambre des députés comme son représentant l'honorable M. Martin du Nord, homme excellent, jurisconsulte éminent, ministre habile, auquel la postérité rendra une justice que les passions de ses contemporains lui ont parfois refusée.

» A la mort de M. Martin, les suffrages des électeurs se portèrent naturellement vers Guilbert qui occupa cette haute position de député, alors purement honorifique.

» Il avait été un partisan sincère et dévoué d'un gouvernement qui, d'après lui, offrait des garanties de liberté, de paix et de prospérité pour le pays.

» Je n'ai pas besoin de vous dire quels furent ses sentiments lors des évènements de février qui surprirent autant les vainqueurs qu'ils consternèrent les vaincus.

» Lorsqu'en septembre 1848, un appel fut fait au pays pour les élections au conseil général, les amis de M. Guilbert l'engagèrent à se présenter comme candidat à titre de service à rendre au canton. Il y consentit. Mais à la différence de beaucoup d'autres que nous avons vus outrager les autels qu'ils avaient adorés la veille pour mieux encenser les dieux du lendemain, il s'offrit aux suffrages des électeurs en proclamant hautement ses opinions politiques : « Je ne suis pas républicain de la veille, dit-il dans son adresse aux électeurs d'Orchies. et, d'après le début, je ne le suis pas encore du lendemain. J'étais conservateur, et je le suis toujours. Cependant je comprends qu'il faut suivre les événements et se résigner aux faits accomplis. Je désire donc, et je n'y ferai rien de contraire, que la république s'établisse régulièrement, honnête et modérée par ses hommes et par ses actes; et alors si elle nous donne l'ordre et la liberté, si elle consacre le respect de la famille et de la propriété, le devoir des bons citoyens sera de s'y rallier loyalement sans arrière pensée ni idée de retour aux anciennes formes du gouvernement.

» Cette franche profession de foi fut accueillie par la population si honnête de ce pays, et Guilbert fut élu membre du conseil général.

» La connaissance approfondie des affaires administratives et judiciaires y fut bientôt appréciée à sa valeur et sa position dans le conseil devint considérable. Presque toujours Président de son bureau, souvent chargé de rapports, il prit une part importante à tous ces travaux.

» En 1852, Guilbert devint maire d'Orchies et une nouvelle carrière s'ouvrit à son activité. Il fallait avant tout créer des ressources qui manquaient absolument, il en fit comprendre la nécessité, et on s'y soumit. Bientôt il put transférer l'hospice dans des locaux mieux appropriés à sa destination, établir des écoles dans l'hospice abandonné, ériger une salle d'asile, restaurer le beffroi et l'hôtel de ville, instituer une succursale de la caisse d'épargnes.

» C'est sous son administration que l'éclairage au gaz s'établit à Orchies.

» Cependant sa santé avait reçu de rudes atteintes, il avait manifesté l'intention de ne plus se présenter aux élections pour le Conseil général. C'est dans cet état de choses que des engagements furent sans doute pris, et lorsque se ravisant trop tard, il consentit encore à se porter encore candidat, si l'immense majorité qu'il obtint dans Orchies témoigna de l'inaltérable affection des électeurs dont il était personnellement connu, il fut néanmoins vaincu dans les scrutins de la plupart des communes du canton.

» Il se retira alors de la vie publique en donnant sa démission de maire d'Orchies.

» Mais auparavant il avait rendu à sa ville d'adoption un immense service. Il l'avait dotée d'une de ces meilleures voies de communication qui suppriment en quelque sorte les distances, et ont décuplé partout où elles existent, l'activité des relations commerciales.

» Quels que soient ceux qui achèveront l'œuvre commencée, à Guilbert resteront l'honneur et le mérite de l'initiative et de l'organisation d'une compagnie.

» Je ne vous dirai rien des services qu'il rendit comme membre du conseil d'arrondissement de Douai de 1832 à 1844, comme membre du conseil municipa d'Orchies, de 1830 à 1866, enfin comme membre de l'administration des Hospices, de 1837 à 1864; mais je ne puis passer sous silence ce fait que pendant le choléra de 1832, il abandonna au profit des pauvres son traitement de juge de paix.

» Si une vie publique si bien remplie recommande Guilbert au souvenir reconnaissant de ses concitoyens, les qualités de son cœur le feront vivre à toujours dans la mémoire et l'affection de ceux qui l'ont personnellement connu.

» Jamais homme ne porta plus loin le désir d'obliger les autres et de leur être utile...

» Son crédit fut considérable à certaine époque et il en usa largement, non pour lui-même, mais pour ceux qui sollicitèrent son appui. Il était heureux de rencontrer le mérite et de le patroniser.

» N'est-ce pas Guilbert qui, découvrant dans les essais de sculpture d'un enfant, les germes d'un véritable talent, obtint pour le jeune Deletrez du conseil général une pension longtemps continuée ? et c'est aujourd'hui le savant ciseau de l'élève devenu artiste habile, qui a reproduit les traits du protecteur qui lui a ouvert la carrière des beaux-arts.

» Vous avez voulu, Messieurs, honorer la mémoire de Guilbert, par ce monument que nous inaugurons aujourd'hui; honneur à l'homme qui a mérité un pareil témoignage d'estime et d'affection! honneur aussi aux citoyens qui savent reconnaître, comme vous le faites, les services rendus à leur pays.

Douai. — Imp. L. Crépin, rue des Procureurs, 30 et 32.

DOUAI. — IMPRIMERIE DE L. CRÉPIN.

www.ingramcontent.com/pod-product-compliance
Lightning Source LLC
LaVergne TN
LVHW010337230826
846091LV00009B/3906
* 9 7 8 2 0 1 9 9 1 6 8 9 3 *